De todos os Cantos do Mundo

Pesquisa literária
Heloisa Prieto

Pesquisa musical
Magda Pucci

De todos os Cantos do Mundo

Ilustrações
Graça Lima

2ª edição

Companhia das Letrinhas

Copyright do texto © 2008 by Heloisa Prieto e Magda Pucci
Copyright das ilustrações © 2008 by Graça Lima

Grafia atualizada segundo o Acordo Ortográfico da Língua Portuguesa de 1990, que entrou em vigor no Brasil em 2009.

Preparação
Márcia Copola

Revisão
Adriana Moreira Pedro
Silvana Salerno

Dados Internacionais de Catalogação na Publicação (CIP)
(Câmara Brasileira do Livro, SP, Brasil)

Prieto, Heloisa
  De todos os cantos do mundo / pesquisa literária Heloisa Prieto ; pesquisa musical Magda Pucci ; ilustrações Graça Lima. — 2ª ed. — São Paulo : Companhia das Letrinhas, 2023.
  ISBN 978-65-81776-24-4

  1. Literatura infantojuvenil I. Pucci, Magda. II. Lima, Graça. III. Título.

23-157429   CDD-028.5

Índices para catálogo sistemático:
1. Literatura infantil 028.5
2. Literatura infantojuvenil 028.5

Cibele Maria Dias – Bibliotecária – CRB-8/9427

Todos os direitos desta edição reservados à
EDITORA SCHWARCZ S.A.
Rua Bandeira Paulista, 702, cj. 32
04532-002 — São Paulo — SP — Brasil
☎ (11) 3707-3500
www.companhiadasletrinhas.com.br
www.blogdaletrinhas.com.br
/companhiadasletrinhas
@companhiadasletrinhas
/CanalLetrinhaZ

Sumário

Cantos de todos os cantos, 9

1. Zemer atik (Nigun atik), 12
Canção hebraica

2. The star of Slane, 14
Balada de rua irlandesa

3. Hotaru koi, 16
Canção infantil japonesa

4. Koi txangaré, 18
Canto do povo Paiter Surui (Rondônia)

5. Allunde, Alluyá, 20
Canção africana, idioma suaíli

6. Frère Jacques, 22
Canção de ninar tradicional francesa

7. Bre Petrunko, 24
Horo búlgaro

8. Eh boi!, 26
Coco-de-zambê (Goianinha, Rio Grande do Norte)

9. Arenita azul, 28
Huapango anônimo (Rio Grande, Oaxaca, México)

10. La Çarandilhera, 30
Canção de Portugal (Miranda do Douro — em mirandês)

11. D'où viens-tu bergère?, 32
Canção de Natal francesa

12. Murucututu, 34
Cantiga de ninar do Pará

Sons e silêncios, 37

Bibliografia, 39

Créditos das canções, 42

Ficha técnica das canções, 44

Sobre as autoras, 46

Sobre a ilustradora, 47

Cantos de todos os cantos

Heloisa Prieto e *Magda Pucci*

No norte da Nigéria, no continente africano, quando uma família perde dinheiro ou a doença e o infortúnio atingem pessoas queridas, logo se pede ajuda aos *mawaka*. Assim são chamados os cantores que percorrem a casa inteira entoando cantos mágicos. Acredita-se que suas vozes poderosas atraem sorte e saúde, fazendo a limpeza dos males que rondam a família que os contratou.

Na Sardenha, na Itália, grupos de pastores usam uma voz nasalada, imitando os sons das cabras, como se mantivessem uma conversa secreta com esses animais. Tal costume, que já conta 4 mil anos e tinha como objetivo reunir os rebanhos, se transformou num espetáculo artístico que hoje desperta fascínio e estranheza em seus ouvintes.

No Xingu, no Brasil, vive o povo indígena Kisêdjê. Nessa sociedade, a arte de contar histórias é considerada especial. A narração tem cadências musicais, timbres de vozes distintos, pausas expressivas, quase não há diferença entre cantar e narrar.

Algo um pouco semelhante acontece com o rap, gênero musical que faz tanto sucesso no mundo de hoje. O rapper fala de seu bairro, de seu cotidiano, dos problemas que precisa enfrentar. Apresenta as ideias por meio de rimas, e sua fala também é musical. Quando ele recita sua poesia, se torna uma espécie de líder, pois consegue dizer tudo o que a comunidade em que vive deseja expressar.

Em diferentes tempos ou lugares, quem canta conversa com os animais, com os espíritos, com os amigos, consigo mesmo. Mas existe canto sem fala? E o que veio primeiro? O canto ou a conversa? Qual seria a origem da música?

A origem do canto é misteriosa. Há uma ligação muito forte entre o surgimento da música e o da linguagem falada. Algumas pessoas acreditam que o papel do canto é comunicar. Outros dizem que aprendemos a cantar imitando os sons emitidos por pássaros, e existem os que pensam que a música surgiu como uma forma de trazer beleza à vida de todos os dias. Há pesquisadores ainda que mostram a ligação entre o canto e o trabalho. Cantar, no passado, seria um jeito de coordenar os movimentos de várias pessoas fazendo trabalhos braçais. Cantava-se igualmente ao fiar, e em geral músicas que narravam histórias; por isso, até hoje se diz que uma história precisa ter boa trama e ponto-final.

Cantava-se também para curar os doentes, adormecer as crianças, seduzir a quem se amava. A música talvez seja a linguagem das grandes forças misteriosas que animam as pessoas. Por isso, Platão, o filósofo, dizia: "A música é a alma do universo. Dá voo à imaginação, alegra o espírito, afugenta a tristeza. Dá vida a tudo o que é bom e justo".

Este livro, que contém canções de diferentes lugares, é um convite para abrir a cabeça, o coração e os ouvidos a sons vindos de muitos países. Além de realizar essa viagem musical, você vai conhecer as letras das canções, e um pouco da cultura e dos mitos de onde elas surgiram. A música é o idioma universal.

De todos os Cantos do Mundo

No Antigo Testamento — que constitui a primeira parte da Bíblia, o livro sagrado da tradição judaico-cristã — conta-se a história de Adão e Eva, os primeiros seres humanos. Em seu tempo, o mundo era o jardim do Éden, onde não havia dores nem perdas, apenas felicidade. No Gênese, o livro da Bíblia que fala desse primeiro casal, consta assim: "Deus lhes disse: comam de todos os frutos da árvore do paraíso, mas não comam do fruto da árvore da ciência do bem e do mal". Acontece que Adão e Eva desobedeceram à ordem divina e comeram o fruto proibido, sendo expulsos do paraíso. No novo mundo, tiveram que trabalhar, sofrer, envelhecer. Seus descendentes enfrentaram diversos problemas, mas, quando se comunicavam, entendiam-se facilmente, porque, naqueles primeiros tempos, diz a Bíblia que todos falavam uma mesma língua.

Quando surgiu a primeira cidade, as torres foram inventadas. Vaidosos de suas construções, os homens decidiram que fariam uma torre capaz de tocar os céus, para que seus nomes nunca fossem esquecidos. Acontece que Deus ficou aborrecido com o empreendimento. Ele disse: "Eis aqui um povo que só tem uma mesma linguagem; e, uma vez que eles começaram esta obra, não hão de desistir de seu intento...". Ordenou, então, que todos falassem idiomas diferentes. A confusão passou a reinar, e os seres humanos desistiram de construir uma torre cujo cume tocasse o céu. Caso quisessem se entender, teriam que ouvir os idiomas uns dos outros.

A Bíblia foi traduzida e interpretada de diferentes modos. Segundo algumas versões dessa história, teria restado uma esperança, pois, ao cantar, todo ser humano se comunica, não importam as palavras. Talvez por isso, quando ouvimos uma canção em língua estrangeira, percebemos sons que nos parecem familiares e, mesmo sem entender o significado das palavras, gostamos da sonoridade, da emoção que elas nos transmitem. Essa seria a fala dos tempos de Adão ecoando, secretamente, nos cantos de todos os cantos da Terra.

A letra de "Zemer atik" nos convida a ouvir essa antiga canção do mundo, a qual inspira alegria e amizade. Ela pertence à tradição hassídica, que acredita na união da religião e da vida. Nela, a dança é sagrada, uma "mitzvá" (honra) e um caminho até Deus. Sendo uma dança circular, seus movimentos são dirigidos ao céu, e os dançarinos ficam bem juntos uns dos outros.

Ao ouvi-la, repare como a melodia se desenvolve, isto é, como ela caminha por notas que parecem "contorcer-se", criando nuances muito bonitas. Essas notinhas mexem com o nosso imaginário. Parece que elas vêm do Oriente, não? Pois é, essas melodias hebraicas têm toques orientais que foram destacados nesse arranjo de "Zemer Atik" para mostrar que todos os povos, no fundo, realmente parecem compartilhar de um mesmo idioma: a linguagem da música!

Canção hebraica

Zemer atik
(Nigun atik)

*Od nashuva el nigun atik
vehazemer yif vaye' erav,
Od gavia meshumar nashik, nashik
Alizei einayim ulevav
Tovu, tovu ohaleinu
ki machol hif tzia
Tovu, tovu o haleinu
od nashuva
el nigun atik*

Canção antiga

*Voltaremos à antiga melodia
O canto será uma alegria
Para nossos ouvidos
Uma boa taça de vinho
Nos fará muito bem
Nossos cálices a tilintar
Nossos corações a festejar
E nossa dança a abençoar
Esse canto tão antigo
De todos os cantos do mundo*

(Tradução livre)

Balada de rua irlandesa

The star of Slane

A estrela de Slane

Ye brilliant muses, who ne'er refuses,
But still infuses the poet's mind.
Your kind sweet favours to his endeavours
That his ardent labours appear sublime.

Preserve my study from growing muddy
My notion's ready now inspire my brain.
My quill refine as I pan each line
On a nymph divine called the Star of Slane.

In beauteous Spring, when the warblers sing,
And their carols ring through each fragrant grove;
Bright Sol did shine, which made me incline
By the river Boyne for to go to rove.

I was ruminating and meditating
And contemplating as I paced the plain,
When a charming fair one beyond comparing,
Did my heart ensnare near the town of Slane.

To praise her beauty then is my duty,
But alas! I'm footy in this noble part,
And to my sorrow, sly Cupid's arrow
Full deep did burrow in my tender heart;

In pain and trouble yet I will struggle,
Though sadly hobbled by my stupid brain,
Yet backed by Nature I can tell each feature
Of this lovely creature called the Star
[of Slane.

Ó musas que brilham, que não se recusam,
Apenas inspiram os sonhos deste poeta.
Seus doces encantos dão a este ofício
A aparência sublime de um trabalho ardente.

Preservam minha mente de tornar-se escura
O caminho agora está pronto, inspira minha
[fantasia.
E minha pena, ao mover-se, define linha a linha
A ninfa divina, a ninfa de Slane.

Durante a primavera, quando os pássaros cantam,
E seus cantos tocam as fragrâncias das árvores;
O brilho do sol iluminando
Me faz reclinar-me sobre o rio Boyne
Para seguir vagueando.

Eu permanecia pensando e meditando
Contemplando o caminho na planície,
Quando uma fada de beleza incomparável,
Atraiu meu coração próximo à vila de Slane.

Cantar sua beleza agora é meu ofício. Mas ai!
Como isso se torna um sacrifício, quando para
[minha angústia
A flecha secreta de Cupido atravessa
O meu coração de menino;

Apesar da dor dos meus passos,
Ainda caminho por aquela paisagem
E consigo descrever os belos traços da musa
Que me enfeitiçou, a musa de Slane.

Na Irlanda, a colina de Slane se destaca no vale do rio Boyne, ao sul da cidade de Dublin. No alto da colina localizam-se as ruínas de um mosteiro franciscano construído no ano de 1512. À noite, quem consegue subir pelas escadas estreitas, em espiral, avista não só a bela paisagem como também o lindo céu estrelado.

Inicialmente, predominava na região a cultura celta. Segundo essa tradição, o rio Boyne seria a morada de Fiontan, o salmão mágico do conhecimento pleno. Quem o pescasse conquistaria seus poderes. Com a chegada dos cristãos, muitos celtas se converteram à nova fé, ao passo que os monges, encantados com as narrativas dessa tradição, as preservaram, compilando-as em livros. Por isso, nas antigas canções e lendas irlandesas pode-se notar uma mistura de culturas.

Repare que a letra da canção popular "The star of Slane", uma balada de rua, fala de um lugar lendário na Irlanda, mas se refere também a personagens da mitologia grega, como Cupido, deus do Amor, e as musas e ninfas, criaturas encantadas e mágicas. Aliás, em vários lugares do mundo a beleza das estrelas da noite é comparada ao brilho de uma mulher. Geralmente, as mulheres amadas ficam distantes de seus apaixonados, assim como as estrelas ficam distantes de nós.

Entre todos os povos da Antiguidade, talvez na Grécia é que tenham surgido as mais belas histórias sobre estrelas e sobre o céu. Zeus, deus do Universo, teve nove filhas com Mnemósine, a musa da memória, responsável por trazer aos seres humanos a lembrança dessa antiga harmonia. Cada musa nasceu de uma intensa noite de amor entre ambos, tornando-se cantoras divinas. Além de proteger todas as formas de arte, as musas se ocupavam da arte de pensar bem. Aos seres humanos, elas inspiravam sabedoria, instigavam-nos a descobrir ciências como a astronomia e a matemática. Quando os reis precisavam tomar decisões e fazer acordos, eram as musas que lhes traziam à mente as palavras de paz.

As principais musas eram: Calíope, a musa dos poetas; Clio, dos historiadores; Polímnia, dos dramaturgos; Euterpe, dos flautistas; Terpsícore, dos dançarinos; Érato, dos cantores; Melpômene, dos atores de tragédias; Talia, dos comediantes; e Urânia, dos astrônomos.

Na canção "A estrela de Slane", depois de encontrar sua amada, que o poeta também compara a uma fada, ele é invadido pela intensidade de seu amor. Ao ouvir esse canto, perceba o vocal feminino, que dá uma ideia bem suave dessas musas, criaturas aladas, como se elas estivessem flutuando ao redor do poeta.

Canção infantil japonesa

Hotaru koi

Vem, vaga-lume

Ho, ho hotaru koi,
Atchi no mizu wa nigai zo
Kotchi no mizu wa amai zo
Ho, ho hotaru koi,
Ho, ho yama michi koi

Hotaru no otosan kanemochi da
dori de oshiri ga pikapika da
Ho, ho hotaru koi
yama michi da

Hiruma wa kusaba no tsuyu no kage
yoru wa ponpon, taka chochin
Tenjiku agari shitareba, tsunbakura
ni sarawarebe

Ho, ho hotaru koi,
Atchi no mizu wa nigai zo
Ho, ho hotaru koi
Kotchi no mizu wa a mai zo
Ho, ho hotaru koi
yama mi chida
ando no hikari o chotto mite, koi
Ho ho hotaru koi
Ho, ho, yama michi koi,
Ho, ho, ho, ho, ho, ho, ho

Vem, vem, vaga-lume!
Aí a água é amarga, aqui a água é doce
Vem, vem, vaga-lume!
Venha pelo caminho do mato

O pai do vaga-lume é rico
Por isso o bumbum dele pisca
Vem, vem, vaga-lume!
Venha pela montanha

Durante o dia ele está escondido atrás do
                     [orvalho da folha
À noite ele se parece com as lanternas
Mesmo que você voe alto para a Índia
Cuidado! Você poderá ser devorado pelas
                     [andorinhas

Vem, vem, vaga-lume!
Aí a água é amarga
Vem, vem, vaga-lume!
Aqui a água é doce
Vem, vem, vaga-lume!
Venha pela montanha
Veja quantas lanternas brilham no escuro
Vem, vem, vaga-lume!
Venha pela montanha

O medo do escuro é um sentimento que vem de muito longe, dos tempos em que caminhar pela floresta sem companhia significava correr sério risco de vida. Na antiga Roma, como em vários outros lugares, acreditava-se também nos temíveis poderes dos seres das trevas. Além dos perigos reais, como tornar-se presa de um animal selvagem ou sofrer algum acidente, havia a crença nas criaturas noturnas, malignas e invisíveis. Na Grã-Bretanha, na Idade Média, se dizia que as crianças poderiam ser raptadas pelo demônio das trevas e por isso precisavam dormir muito cedo.

Acontece que criança gosta de brincar, a noite é cheia de mistérios, e o fascínio pelas estrelas é tão forte quanto o medo do escuro. Seja como for, talvez o vaga-lume, que se assemelha a uma pequena estrela voadora, seja a mais encantadora de todas as criaturas noturnas.

Nos Estados Unidos, nas noites de verão, em meados do século XIX, quando um vaga-lume entrava riscando o escuro com sua dança iluminada, logo se dizia que chegaria uma visita querida. Dois vaga-lumes surgindo juntos numa casa de jovens significava que um deles logo se apaixonaria. Se a casa pertencesse a um casal, a aparição dos vaga-lumes era sinal de boa sorte, saúde e felicidade. Finalmente, um grande número de vaga-lumes entrando na casa anunciava a chegada de vários visitantes queridos.

Como sabemos, o vaga-lume é um inseto que emite luz por causa de órgãos fosforescentes que se situam na parte inferior de seu abdômen. Essa luz intensa faz com que ele fique parecido com uma bela bolinha luminosa. O brilho é emitido para atrair a atenção da fêmea. Quando o vaga-lume quer chamar sua parceira, ilumina-se para que ela consiga encontrá-lo no escuro. Talvez por isso as delicadas luzes que ele emite sejam interpretadas como sinal de amor e de alegria.

No Japão, nos meses chuvosos de maio e junho, os vaga-lumes habitam arbustos que ficam próximos a corredeiras limpas. Colecionar vaga-lumes em gaiolas é costume ancestral. As gaiolas iluminadas fazem a alegria das brincadeiras das crianças, espantando o medo e celebrando a infância. Foram essas gaiolas que deram origem às belas lanternas de papel chamadas de *chochin*.

Ao ouvir o arranjo da canção "Hotaru koi", repare que a palavra *ho* é repetida várias vezes pelas diferentes vozes. Assim, cria-se um ritmo cadenciado que sugere a ideia do piscar do vaga-lume iluminando a escuridão.

Paiter, na língua da família tupi-mondé, significa "nós mesmos", "gente verdadeira". Esses indígenas também são conhecidos como Surui, um povo que permaneceu isolado nas suas aldeias em Rondônia até 1969, quando estabeleceu o primeiro contato. Por isso seu nome hoje é Paiter Surui.

Cada comunidade indígena tem suas tradições próprias; no caso dos Paiter Surui, há uma enorme quantidade de mitos que narram histórias fantásticas de tempos muito antigos. Os Surui adoram cantar e o fazem para invocar os espíritos das águas ou dos céus. Esses cantos vêm entremeados de histórias emocionantes.

Uma delas se refere a um homem que resolveu perseguir um pajé de outro povo. Os inimigos eram chamados de *lahd-ey* na língua dos Paiter. Como a narrativa é muito antiga, não se sabe direito quem teriam sido os tais adversários. Indignado, o homem Surui acreditava que esse pajé tinha enfeitiçado um menino. Ele se esgueirou pela mata, mas foi avistado e então capturado pelos inimigos, e assim o conflito se agravou. Algum tempo depois, os companheiros do pajé atacaram os Surui. Prenderam os homens e decretaram que iriam namorar suas mulheres. Impiedosos, os *lahd-ey* assustavam os Surui com um canto de guerra:

Koi txangaré, koi txangaré...
Xiripaba mãi, txangaré
Xameapab mãi, txangaré...

Quando o canto de guerra terminou, os inimigos deram início ao ataque, e venceram. Em seguida, prepararam uma grande festa de comemoração de sua vitória. Mas, enquanto eram feitos os preparativos, as mulheres, astutas, tiveram a ideia de fugir e, imitando algumas entidades mágicas da floresta, viraram os pés para trás, deixando um rastro ao contrário.

Depois dessa vitória das mulheres, a canção dos inimigos passou a fazer parte da tradição Surui. E hoje ela é cantada para acalentar as crianças Surui, que se divertem muito repetindo suas palavras assustadoras.

Essa melodia, num primeiro momento, pode parecer "estranha" aos nossos ouvidos. Mas, aos poucos, é como se ela nos hipnotizasse e enchesse de coragem. Na verdade, essa é uma das funções de um canto de guerra: despertar a força dentro de nós mesmos para que possamos lidar com tudo aquilo que nos espanta ou causa temor.

Canto do povo Paiter Surui
(Rondônia)

Koi txangaré

Koi txangaré, koi txangaré koi txangaré
Xiripaba mãi, koi txangaré, koi txangaré
Xameapab mãi, koi txangaré, koi txangaré
Koi txangaré, koi txangaré, koi txangaré!!!

Vou pegar você

Vou comer você
Vou comer seu fígado com milho torrado
Vou comer carne crua também
Vou comer pedaço de carne crua...

(Tradução livre de Betty Mindlin)

Na antiga Babilônia, na Assíria, na Pérsia e na Fenícia, o Sol era cultuado como símbolo da eternidade. No Egito, na quinta dinastia (2490-2330 a.C.) a adoração ao Sol foi adotada como religião oficial. As tradições dos povos do Norte da África abrigam muitos mitos que, embora diferentes entre si, reverenciam, cada um a seu modo, "o astro rei".

"Allunde, Alluyá" é uma oração ao Sol cantada no idioma suaíli. Nessa canção de origem tão remota se pede proteção e que os raios do astro iluminem os caminhos das crianças.

Entre os mitos que mencionamos, há o do Grande Sol: certa vez um homem quis ver de perto o Sol que nascia. Decidiu então que, se viajasse no sentido oeste, chegaria perto dele. No caminho, encontrou um rio. Resolveu atravessá-lo. Quando alcançou a outra margem, deu com outro rio, mais largo ainda. De repente, deparou com uma montanha. Quando alcançou seu pico, pôde ver uma grande bola de fogo. Vislumbrou também um palácio feito de ouro, cujo brilho era tão intenso que cegava seus olhos. Era a morada do Sol. Contudo, o Sol não estava em casa, pois era seu horário de trabalho. O homem foi recebido pela esposa do Sol, com refrescos. Finalmente, o grande astro veio vê-lo: o Sol cumprimentou-o com cortesia e o convidou para jantar. Em seguida, lhe mostrou seu palácio, com arcos feitos de nuvens. Na manhã seguinte, o hóspede, curioso, despertou para ver onde o Sol nasceria. O astro luminoso lhe deu um pão fresquinho e pediu que fechasse os olhos. O homem obedeceu. Quando abriu novamente os olhos, pôde ver a casa onde morava e sua família, que acordava. O homem juntou-se a eles. Todos comeram o pão feito pelo Sol. Desde esse dia, a saúde e a prosperidade passaram a reinar naquele lar.

É por isso que, ainda hoje, o Sol é venerado em vários países da África do Norte e a canção "Allunde, Alluyá" é cantada por crianças, como se fosse um modo de renovar a esperança e viver feliz sob a proteção do Sol.

Ao ouvir a canção "Allunde, Alluyá", preste atenção no cânone que se forma, isto é, quando uma voz repete o que a outra faz. Esse procedimento musical é bem característico da música africana, e é também muito usado pelos europeus. Dizem que cantar em cânone é uma maneira gostosa de aprender a melodia e treinar a memória.

Canção africana, idioma suaíli (transliteração para o português)

Allunde, Alluyá Viva o sol que ilumina

Allunde, Alluyá

Alunde, alunde
Alunde, aluiá
Alunde, alunde
Alunde, aluiá!

Za pua ua-ai ia kusô
Ai ai ai ai a a a a a.
Alunde!
ai ai ai ai ai-a a a a a...
Alunde!

(Refrão)
Alunde, alunde
Alunde, aluiá
Alunde, alunde
Alunde, aluiá!

Mandai a kuaka
A kuaka mandai
ai ai ai ai a a a a...
Alunde!
ai ai ai ai a a a a
Alunde!

Deus do Sol a nascer
Proteja essa criança
Ajude-a a crescer
E tornar-se
Um adulto
Que a nossa tribo
Vá fortalecer...

Cantiga de ninar tradicional francesa

Frère Jacques

Frei Tiago

Frère Jacques
Frère Jacques
Dormez vous?
Dormez vous?
Sonnez le matines!
Sonnez le matines!
Ding, Ding, Dong!
Ding, Ding, Dong!

Frei Tiago, frei Tiago
O senhor ainda está dormindo?
O senhor ainda está dormindo?
Venha bater o sino!
Venha bater o sino!
Dim, dim, dom!
Dim, dim, dom!

(Tradução livre)

Quem teria sido esse misterioso frei Tiago, que não conseguia despertar para tocar os sinos da manhã?

Ao contrário das cantigas para adormecer, a famosa "Frère Jacques" é um toque para despertar, falando de alguém que custa muito a acordar.

A melodia de "Frère Jacques" contagia qualquer um e celebra a infância dentro das pessoas. Por mais que cresça, por mais séria que seja sua ocupação, toda pessoa tem seu momento de preguiça, esquecimento e anarquia. "Frère Jacques" é uma das canções mais famosas de todo o mundo. Existem várias traduções e versões. Essa melodia aparece, por exemplo, na primeira sinfonia de Gustav Mahler, um dos mais importantes compositores austríacos.

Na China, no Vietnã e em outros países da Ásia, cantada com outras letras, a melodia é tão popular que foi considerada uma canção infantil oriental.

Sua primeira versão surgiu num manuscrito contendo canções populares que data de 1870. Aí, o título não é "Frère Jacques", mas sim "Frère Blaise". Reza a lenda que mestre Blaise teria sido o mentor do mago Merlin, autor de um manuscrito secreto que narra as lendas do rei Artur.

Nessa canção, imita-se o som do badalar dos sinos: "dim, dim, dom". Repare como isso dá ritmo à melodia e cria uma sonoridade especial.

Horo búlgaro

Bre Petrunko   Petrunkina

Bre Petrunko, mori, malai mo	*Petrunkina, vai pra roda*
Bre Petrunko, malai mo-me	*Petrunkina, vai pra roda-olará*
Vse yodime, mori, yobido	*Prima volta ela deu*
Vse yodime yobido[me]	*Prima volta ela vai dar*
Nigde yoro, mori nenaido	*Rapaz, chega devagar*
Nidge yoro nenaido[me]	*Fica ao lado da Petrunka*
V'vashe selo, mori, dor tri yo	*Sem querer bateu o pé*
V'vashe selo, dor tri yor[a].	*Rapaz, que foi esse pontapé?*
Parvo yoro, mori, Petrunki.	*Rapaz, que confusão deu!*
Parvo yoro, Petrunkino	*Desajeitado que és!*
Petrunchitsa, mori, yoro vo	*A Petrunka leva susto!*
Petrunchitsa, yoro vo[di]...	*Ó menino, que susto deu!*
Yozdol ide, mori, ludo mla	*Deu um beijo na Petrun*
Yozdol ide, ludo mla[do]	*Deu um beijinho na Petrunka!*

Ne se fana, mori, na sreda
Ne se fana, na sreda[ta]

(Tradução livre)

Nai se fana, mori, na tane
Nai se fana, na tane[tso]

Na tanetso, mori, do Petrun
Na tanetso, do Petrun[ka]

S'perchi kosi, mori, kitka ro
S'perchi kosi, kitka ro[ni]

Snodze si i, mori, chekhli ka.
Snodze si i, chekhli ka[lya]

O namoro entre jovens muitas vezes desperta o desejo de "fofocar". A conversa sobre a vida amorosa de quem começa a ingressar na vida adulta — os desencontros, as atrapalhações — faz parte dos hábitos de muitos lugares diferentes. A fofoca não surgiu da noite para o dia.

Pois bem, na Bulgária, é comum acontecer rodas de dança chamadas "horo". Ela acontecia nas clareiras das florestas, onde toda a comunidade de camponeses se reunia para namorar, beber, contar histórias e se divertir. Uma das funções do horo, justamente, era espalhar fofocas, falar dos que começavam um romance ou decidiam se casar.

Hoje, o horo se transformou numa dança muito comum nos Bálcãs. Esse tipo de dança circular, também conhecida como "hora", é encontrado em diversos países. Existe *hora* na Romênia e na Moldávia, *oro* em Montenegro, *horah* nas danças de Israel, e assim por diante. Na Bulgária, há mais de cem tipos de horo, todos com diferentes passos na coreografia. Por isso, é costume dizer que nenhum horo é igual a outro.

A letra da música desse horo fala de Petrunka, uma garota que lidera a dança e é "paquerada" por um menino desajeitado. Será que eles ficaram juntos?

Quando ouvimos as mulheres búlgaras cantando, a sensação é impressionante. Elas têm vozes poderosas graças a uma técnica vocal de mais de dez séculos que faz sair o som da garganta. Damos a esse timbre o nome de gutural. Dizem que as camponesas cantavam dessa forma para que todas as pessoas da vila pudessem ouvi-las ao longe. Assim é que a história de Petrunka teria se espalhado por toda a Bulgária.

No Rio Grande do Norte, em meados do século XIX, as fazendas eram imensas, e seus territórios não estavam demarcados por cercas; portanto, o gado se criava livre em campos sem fim. Fortes, imponentes, os bois eram admirados por sua coragem, suas façanhas e sua agilidade, e acabaram sendo homenageados por muitas histórias, danças e canções regionais.

Ao ouvir "Eh boi!", preste atenção no ritmo da canção, tocado pelo pandeiro. Esse ritmo se chama "coco". Muitas são as variações do coco espalhadas pelo país, principalmente nas festas juninas: agalopado, de roda, de sertão, coco-bingolê, coco-catulé, coco-de-praia, coco-de-zambê, coco-de-desafio, entre outras.

O som característico do coco vem de quatro instrumentos: ganzá, surdo, pandeiro e triângulo, mas o que marca mesmo a cadência desse ritmo é o repicar acelerado dos tamancos. A sandália de madeira é quase como um quinto instrumento, talvez o mais importante deles. Além disso, a sonoridade é completada com as palmas.

Algumas pessoas acreditam que o coco surgiu pela necessidade de bater o piso das casas no interior, que antigamente era feito de barro. Mas há quem diga que a dança foi criada nos engenhos ou nas comunidades de catadores de coco.

A melodia de "Eh boi!" foi coletada por Mário de Andrade, um importante escritor e pesquisador da música folclórica brasileira. Em suas andanças pelo Brasil, ele ouviu esse coco lá no Norte. Anotou a letra e a melodia numa partitura, preservando, assim, a canção.

Coco-de-zambê
(Goianinha, Rio Grande do Norte)

Eh boi!

Vou-me embora dessa terra
Segunda-feira que vem
Quem não me conhece chora, ó boi!
Quanto mais quem me quer bem

Eh boi, boi, boi deu!
Eh boi, boi, boi dá!

No México vive a *mariposa-luna* (mariposa-lua), que se alimenta de árvores de madeira dura. De um verde belíssimo, a *mariposa-luna* traz manchas em forma de lua, daí o seu nome. A mariposa passa por vários estágios até chegar a borboleta: ovo, larva, pupa e adulto. Talvez por modificar-se tanto a mariposa seja considerada, em diversas partes do mundo, símbolo de transformação. Na China, ela é símbolo da liberdade, do voo, da imaginação.

No México, muitas praias são chamadas de Playa Azul (praia azul), pois suas areias são realmente azuladas. Isso acontece porque essa areia contém ferro e tem origem nas montanhas. Como a areia escura geralmente fica encoberta pela areia clara, ela nem sempre pode ser vista. Mas, quando chove e se cava um pouco, encontra-se uma bela mistura de cores.

Em "Arenita azul" se fala do preconceito enfrentado pelas pessoas que migram para o México. Indagada sobre sua origem, a cantora responde que é apenas uma mariposa, e nada mais.

Essa canção nos faz lembrar que as fronteiras não foram criadas pela natureza, mas, infelizmente, inventadas pelos homens.

Huapango é gênero musical presente em Oaxaca. O termo deriva da palavra na lingua náuatle *cuauhpanco* que significa literalmente "em cima da madeira", aludindo a uma plataforma de madeira na qual os dançarinos executam passos do sapateado. Ora cantada em ritmo ternário, ora em quaternário, os huapangos proporcionam muita alegria nas festas populares das regiões costeiras do México, onde vivem muitos imigrantes.

Huapango anônimo
(Río Grande, Oaxaca, México)

Arenita azul 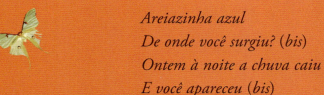 Areiazinha azul

Arenita azul	Areiazinha azul
de onde salió	De onde você surgiu? (bis)
Anoche cayó l'agua	Ontem à noite a chuva caiu
la destapó	E você apareceu (bis)
Ere(s) cubana?	Você é cubana?
— No soy cubana.	— Não sou cubana
Ere(s) jarocha?	Você é jarocha?*
— No soy jarocha.	— Não sou jarocha
Qué quiere(s) ser, mi maí?	Então, o que você é, minha cara?
— Soy mariposa!	— Sou mariposa! (bis)
Desde que te fuiste,	Desde que você partiu
No he visto flores,	Não vejo flores
Ni los pájaros cantan,	Nem os pássaros cantam
Ni l'agua corre.	Nem a água corre.

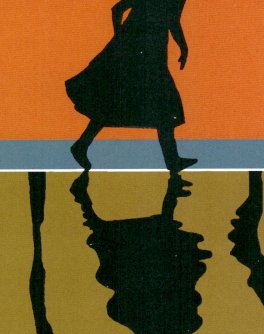

* Natural da cidade de Veracruz, no México.

Canção de Portugal
(Miranda do Douro — em mirandês)

La Çarandilhera   A sarandilhera

S'ajuntaran las trés comadres
La çarandilhera
na funçon d'l Santo [André
Çarandilha a andar
Çarandilha és

A fazer ua merenda
La çarandilhera
E de um bárriu todas as [trés
Çarandilha a andar
Çarandilha és

Ua lheba nuobe panes
La çarandilhera
Toucavan cada ua trés
Çarandilha a andar
Çarandilha és

Outra lheba trinta uobos
La çarandilhera
Toucavan cada ua dieç
Çarandilha a andar
Çarandilha és

Outra lheba ũ pelhejito
La çarandilhera
De dous cántaros o trés
Çarandilha a andar
Çarandilha és

E dali um bocadito
La çarandilhera
Chega l marido d'Inés
Çarandilha a andar
Çarandilha és

Cirandeiro, cirandeiro ó
A pedra do teu anel
Brilha mais do que o sol
Palos nuas, palos noutras
La çarandilhera
Palos daba an todas trés
Çarandilha a andar
Çarandilha és

I la que lhebou más palos
La çarandilhera
Foi la pobrecita Inés
Çarandilha a andar
Çarandilha és

Eu sarando a cirandinha
Vamos todos sarandar
Vamos dar a meia-volta
Volta e meia vamos dar
Vamos dar a meia-volta
Volta e meia vamos dar
Volta e meia vamos dar
Volta e meia vamos dar

A sarandilheira
Se juntaram as três [comadres
A sarandilheira
Para ir ao Santo André
Sarandilha-andar [sarandilha-ai-iê

Pra fazer uma merenda
A sarandilheira
E são dum bairro todas [as três!
Sarandilha-andar [sarandilha-ai-iê

Uma levou nove fatias de [pães
A sarandilheira
Cada uma pegou três
Sarandilha-andar [sarandilha-ai-iê

A outra levou trinta ovos
A sarandilheira
Cada uma pegou dez
Sarandilha-andar [sarandilha-ai-iê

E a outra levou uma [mochila
A sarandilheira
Com dois jarros ou três
Sarandilha-andar [sarandilha-ai-iê

E dali a pouquinho
A sarandilheira
Chegou o marido da Inês
Sarandilha-andar [sarandilha-ai-iê

Cirandeiro, cirandeiro ó
A pedra do teu anel
Brilha mais do que o sol

Pau numa, pau na outra
A sarandilheira
Um pau deu em todas [três
Sarandilha-andar [sarandilha-ai-iê

Pau numa, pau na outra
A sarandilheira
E a que levou mais paus [foi a pobre Inês
Sarandilha-andar [sarandilha-ai-iê

Eu sarando a cirandinha
Vamos todos sarandar
Vamos dar a meia-volta
Volta e meia vamos dar
Vamos dar a meia-volta
Volta e meia vamos dar
Volta e meia vamos dar
Volta e meia vamos dar

Na Antiguidade, o círculo era considerado um símbolo do Sol. Vários costumes que nasceram dos cultos solares ainda permanecem. O relógio gira de acordo com o círculo do Sol, por exemplo. No Antigo Egito, o hábito de pintar um círculo vermelho sobre os lábios, que deu origem ao batom de hoje, era uma forma de invocar a proteção do Sol e impedir que maus espíritos entrassem no corpo das mulheres. As danças circulares existem desde os tempos mais remotos. Podemos ver suas representações nos desenhos rupestres, aqueles que se encontram nas cavernas pré-históricas. Tantos séculos depois, as canções para dançar em círculo continuam a alegrar crianças e adultos em diferentes partes do mundo.

No período colonial, a povoação da Vila de São Vicente, hoje São Paulo, existente desde 1510, era formada por muitos portugueses. Esses habitantes e os que vieram a seguir trouxeram consigo suas tradições. Muitos deles se casaram com mulheres indígenas, então as danças circulares portuguesas se misturaram com as danças em círculo realizadas pelos indígenas.

Çarandilhera é uma mulher namoradeira que adora dançar. A palavra *çarandeio* se refere ao movimento das saias enquanto se dança. *Saranda* é a união da palavra *ciranda* (dança circular) com *sarandeio* (dançar com saias). No litoral paulista, em cidades como Santos, Itanhaém, Iguape e Cananeia, até o início do século XX a *saranda* era dançada por pescadores para festejar a fartura.

A canção "La çarandilhera" conta a história de três comadres que vão à festa de Santo André e levam pães, vinhos e petiscos. Quando estão todas na maior alegria, comendo e dançando, chega o marido da Inês e dá uma bronca em todas elas.

Ao ouvi-la, preste atenção na letra. Em que língua elas cantam? Digamos que seria português, ora pois! Mas não é exatamente! Essa canção pertence a Miranda do Douro, que fica em Portugal, mas onde se fala uma língua chamada mirandês. No arranjo dessa canção pelo Mawaca, as cantoras citam trechos do cirandeiro brasileiro e das cirandinhas que fazem parte do imaginário infantil.

Canção de Natal francesa

D'où viens-tu bergère?

De onde vem você, pastora?

D'où viens-tu bergère? D'où viens-tu? (bis)

Je viens de l'étable
De Bethléem
De voir un miracle
Qui me touche bien
Qu'as-tu vu bergère? Qu'as-tu vu? (bis)

J'ai vu dans la crèche
Un petit enfant
Qui parlait sans cesse
Jamais ne dormant
Est-il beau bergère? Est-il beau? (bis)

Plus beau que la lune
Et que le soleil
Jamais la nature
N'a vu son pareil
Est-il seul bergère? Est-il seul? (bis)

Joseph son bon père
Est à ses côtés
Et Marie sa mère
Lui donne du lait
Et rien plus bergère? Et rien plus? (bis)

J'ai ouï les anges
Du ciel descendus
Chantant les louanges
Du petit Jésus
Est-ce tout bergère? Est-ce tout? (bis)

Plus tard les trois mages
Venus d'Orient
Offrent leurs hommages
Au divin enfant.

De onde vem você, pastora? De onde vem?

Venho do estábulo
De Belém
Onde vi um milagre
Que me trouxe o bem
O que foi que você viu, pastora? O que foi que
[você viu?

Vi na manjedoura
Um pequeno menino
Que falava sem parar
Sem dormir ou descansar
Ele era bonito, pastora? Ele era bonito?

Mais lindo que a lua
Mais belo que o sol
Nunca o mundo
Viu criança igual
Ele está sozinho, pastora? Está sozinho?

José, seu bom pai
Cuida, para que ele não corra perigo
E Maria, sua mãe
Amamenta o menino
E o que mais, pastora? E o que mais?

Ouvi os anjos descendo
Dos céus
Entoando canções
Para o Menino Jesus
E isso é tudo, pastora? É tudo?

Mais tarde, os três reis magos
Vindos do Oriente
Ofereceram seus presentes
Ao Menino Jesus.

Vinte e cinco de dezembro é dia de confraternização internacional.

Por mais de quinze séculos, o nascimento do Menino Jesus é celebrado com festas em que as pessoas dão presentes umas às outras. O gesto de presentear é inspirado nos reis magos. No texto do Novo Testamento, que contém a história da vida de Jesus, se conta que três reis magos avistaram uma linda estrela cadente e a seguiram. A estrela de Belém os conduziu a um estábulo intensamente iluminado. Nele, os reis encontraram uma jovem mãe, chamada Maria, que tinha transformado uma manjedoura em berço para seu lindo bebê. O menino, cujo nome era Jesus, emitia uma aura de luminosa generosidade. Comovidos, os três reis magos se ajoelharam diante dele e o presentearam com ouro, incenso e mirra.

As canções de Natal são muito entoadas na França. *Carole*, a palavra francesa que as designa, significa "círculo", porque no início elas eram cantigas de roda. Embora esses cantos de Natal falem de passagens da Bíblia, muitos deles se apresentam como canções populares.

Essa canção em especial foi recolhida por pesquisadores no final do século xix. Sua origem é muito antiga. Existiam na França, desde a Idade Média, os Mistérios da Natividade, uma espécie de teatro popular cujas peças eram representadas no meio das igrejas. Até hoje vemos presépios nas igrejas, como uma lembrança dessas encenações.

Atualmente, o Natal resulta de uma enorme mistura de diferentes tradições. Tempo de reencontros, confraternizações e, sobretudo, de alegria das crianças, que adoram abrir os pacotes de presentes empilhados em volta das árvores de Natal.

Ao ouvir a canção, observe que a melodia se repete e a letra é que vai mudando. Essa é uma das características da canção popular em vários países do mundo e você sabe por quê? Porque, repetindo a mesma linha melódica, se torna mais fácil guardar os versos! A melodia funciona como a "linha da memória" que nos faz reter, por muitos anos, as histórias que as canções contam, fazendo com que nos lembremos de momentos felizes entre familiares e amigos.

Se você já brincou de acampar ou se já acampou de verdade, e passou a noite cercado de colegas, deve saber como é difícil sossegar na hora de dormir. Estar ao lado de amigos dá sempre uma vontade danada de continuar a folia e a conversa.

Por isso é fácil pensar que talvez fosse mais difícil conter as brincadeiras entre crianças nos tempos em que as famílias tinham um grande número de filhos. Nos antigos quartos das crianças dos casarões, muitas camas eram dispostas lado a lado. Sem televisão nem internet, a hora de dormir era o momento de ficar quieto. Mas como se aquietar quando se está cercado de companheiros de brincadeira e a vontade de dar risada começa a subir do fundo da barriga para virar gargalhada geral?

Assim devem ter surgido as cantigas para fazer adormecer, como uma maneira de silenciar e acalmar crianças. Talvez essa seja também a razão pela qual tantas canções falam de figuras assustadoras, ameaçando a garotada, que detestava sossegar.

"Murucututu" é um acalanto, quer dizer, uma antiga cantiga de ninar que tem origem nos cantos indígenas da Amazônia.

É, também, o nome de uma coruja que emite um som parecido com "tu tu". Quando ela sobe no telhado, ninguém consegue dormir, por causa desse barulho que ela faz. Alguns indígenas consideram a murucututu a grande mãe do sono e também a protetora das crianças; mas outros acham que esse som — que, na verdade, é o pio do murucututu-macho chamando sua companheira — é sinal de mau agouro.

Cantiga de ninar do Pará

Murucututu

*Murucututu
Detrás do murundu
Lá vem a sinhá velha
Lá da banda do Angu*

*Jacaré tutu
Jacaré mandu
Tutu vai embora
Não leva meu filhinho
Murucututu
Murucututu...*

Sons e silêncios

O acalanto usa a voz suave para chamar o silêncio de um sono pacífico. As palmas alegram a dança e o canto das canções circulares. Nos cantos de guerra, o contorno da melodia fixa-se na memória. A doçura da voz nas cantigas que falam de amor parece expressar a melodia de sonhos de felicidade.

Tom Jobim, esse grande músico brasileiro, afirmou que "a voz humana é o instrumento mais rico que há". O canto não é só um instrumento musical no sentido mais simples. Cantar é também comunicar-se com todos os cantos do mundo, falando o idioma mais antigo do mundo.

O silêncio de quem escuta um canto é repleto de alegria e prazer. Quando sons e silêncio se alternam, quando a gente canta ou escuta uma canção, outros tempos, pessoas e lugares nos habitam e alimentam nossa imaginação...

Bibliografia

A Bíblia Sagrada. Barsa. Rio de Janeiro: Catholic Press, 1958.

Africa folk music atlas, vol. 1 (livro, CD-ROM e 3 CDs). Florença: Amiata Records, 1997.

African music — La revue musicale. Paris: UNESCO, 1970.

ARNOLD, Denis. *The New Oxford companion to music*. Oxford: Oxford University Press, 1988. 2 vols.

BARTÓK, Béla. *Escritos sobre música popular*. Iztapalapa (México): Siglo Veintiuno, 1985.

BLACKING, John. *How musical is man?* Seattle: Washington Press, 1995.

CASCUDO, Luís da Câmara. *Dicionário do folclore brasileiro*. 7. ed. Belo Horizonte/Rio de Janeiro: Itatiaia, 1993. Coleção Reconquista do Brasil (2ª série).

CLAVEL, Bernard. *Légendes des lacs et rivières*. Paris: Hachette, 1979.

DARTIGUES, Anne; WAGNEROVA, Denisa. *Contes de la forêt*. Paris: Grund, 2002.

DELUS, Claudia. *A treasury of superstitions*. Nova York: Gramercy Books, 1997.

FELD, S. *Sound and sentiment — Birds, weeping, poetics, and song in Kaluli expression*. Filadélfia: University of Pennsylvania Press, 1982.

GOUGAUD, Henry. *L'arbre aux trésors (légendes du monde entier)*. Paris: Seuil, 1987.

GRIMAL, Pierre. *Dictionnaire de la mythologie grecque et romaine*. Paris: PUF, 1988.

INGPEN, Robert; PAGE, Michael. *Encyclopedia of things that never were*. Limpsfield: Dragon's World Ltd., 1993.

KNAPPERT, Jan. *African mythology*. Londres: Diamond Books, 1995.

KUBIC, Gerhard. *Natureza e estrutura das escalas musicais africanas*. Lisboa: Junta de Investig. do Ultramar — Centro de Estudos de Antropologia Cultural, 1970.

LUDA, Ivers Mette. *Les jardins de la fille-roi — Conts d'Eurasie*. Paris: Hatier, 1987.

MANGUEL, Alberto; GUADALUPI, Gianni. *The dictionary of imaginary places*. Londres: Bloomsbury, 1997.

MAY, Elisabeth. *Music of many cultures — An introduction*. Berkeley/Los Angeles: University of California Press, 1983.

MAYO, Margareth; RAY, Jane. *The Orchard book of magical tales*. Londres: Orchard Books, 1993.

MINDLIN, Betty & narradores. *Vozes da origem*. São Paulo: Ática, 1996.

MIRANDA, Marlui; MINDLIN, Betty. LP *Paiter Merewá*. Memória Discos, 1984.

MITHEN, Steven. *Los neandertales cantaban rap — Los origines de la música y el lenguaje*. Barcelona: Critica, 2005.

MUKUNA, Kazadi wa. *Contribuição Bantu na música popular brasileira*. São Paulo: Global, s. d.

MUNDURUKU, Daniel. *Histórias de índio*. São Paulo: Cia. das Letrinhas, 1996.

NETTL, Bruno. *Música folklórica y tradicional de los continentes occidentales*. Madri: Alianza Música, 1996.

OLIVEIRA PINTO, T. *O som e música — Questões de uma antropologia sonora*. São Paulo: Revista de Antropologia, vol. 44, n. 1, 2001.

OUTLET BOOK COMPANY. *Christmas poems and stories*. Nova Jersey: Gramercy, 1992.

PAZ, Ermelinda A. "As estruturas modais na música folclórica brasileira". In: *Cadernos Didáticos UFRJ*. Rio de Janeiro: UFRJ, 1993.

PUCCI, Magda. CD *Astrolabio tucupira.com.brasil*. São Paulo; ETHOS Music, 2000.

PUCCI, Magda. CD *Mawaca pra todo canto*. São Paulo: ETHOS Music Editora, 2004.

PUCCI, Magda. *CD-Plus Mawaca*. Faixa multimídia introdutória sobre música étnica africana, brasileira, celta, japonesa e oriental. São Paulo: ETHOS Music Editora, 1998.

REIS, Vladimir; SERYCH, Jaroslav; DEMANGE, Claire. *Contes des cinq continents*. Paris: Grund, 1986.

RIBEIRO, Darcy (Ed.). *Suma etnológica brasileira — Tecnologia indígena*. Petrópolis: Vozes, 1987.

ROMERO, Sílvio. *Cantos populares do Brasil*. São Paulo: Itatiaia, 1985.

SANTOS, José Luiz dos. *O que é cultura*. São Paulo: Brasiliense. (Coleção Primeiros Passos).

SCHINDLER, Kurt. *Música e poesia popular de España y Portugal — Cuaderno de notas*. Compilação de Samuel Armstead. Nova York: Columbia University, Hispanic Institute, 1991.

SCHNEIDER, Walter; DREECKEN, Inge; MANASEK, Ludek. *Trésor légendaire des animaux*. Paris: Grund, 1981.

SEEGER, A. *Why Suyá sing — A musical anthropology of an Amazonian people*. Cambridge: Cambridge University Press, 1987.

SHAPIRO, Max S.; HENDRICKS, A. Rhonda. *Mythologies of the world — A concise encyclopedia*. Nova York: Doubleday & Company, 1979.

STONE, Ruth M. *Africa — The Garland encyclopedia of world music*. Vol. 1. Nova York/Londres: Garland Publishing, 1998.

STÖRIG, Hans Joachim. *A aventura das línguas*. 3. ed. São Paulo: Melhoramentos, 1994.

VILLAS BOAS, Orlando & Cláudio. *Xingu — Os índios, seus mitos*. São Paulo: Círculo do Livro, 1970.

VLADISLAV, Jan; BERKOVA, Dagmar. *Légendes des arbres et des fleurs*. Paris: Grund, 1976.

WERNER, E. T. C. *Myths and legends of China*. Cingapura: Graham Brash, 1991.

Créditos das canções

Todas as canções são interpretadas pelo grupo Mawaca (www.mawaca.com.br), dirigido por Magda Pucci, e podem ser ouvidas acessando o QR Code ao lado.

1. **ZEMER ATIK.** Canção da tradição hassídica coletada por Miriam Samuelson do livro *Hebrew Songs and Dances — Music for Children* (Schott, Mainz: Orff--Schulwerk, s. d.). Tradução: Aliza e Tzui Tamir e Magda Pucci. Arranjo: Magda Pucci. Participação especial no zarb: Dalga Larrondo. Essa música foi originalmente gravada para o CD *Mawaca* (1998, Ed. Ethos Music).

2. **THE STAR OF SLANE.** Balada de rua irlandesa — melodia extraída da coletânea *The complete Irish street ballads* (*Combining Irish street ballads and More Irish street ballads*) — coletada e comentada por Colm O Lochlainn; Londres/Sydney: Pan Books, 1964. Tradução: Juliano Spyer e Magda Pucci. Arranjo: Magda Pucci. Solo: Fabiana Lian e participação especial no vibrafone: André Pinheiro. Essa música foi originalmente gravada para o CD *Mawaca* (1998, Ed. Ethos Music).

3. **HOTARU KOI.** Canção infantil japonesa (Tóquio: Ongaku no Tomo, s. d.). Tradução: Tamie Kitahara. Arranjo: Ro Ogura. Adaptação: Magda Pucci. Essa música foi originalmente gravada para o CD *Mawaca* (1998, Ed. Ethos Music).

4. **KOI TXANGARÉ.** Canto do povo Paiter Surui. Informações extraídas do livro *Vozes da origem*, de Betty Mindlin e narradores indígenas (São Paulo: Ática, 1996). Narrador: Dikboba. Arranjo: Magda Pucci. Essa música foi originalmente gravada para o CD *astrolabio.tucupira.com.brasil* (2000, Ed. Ethos Music).

5. **ALLUNDE, ALLUYÁ.** Canção religiosa africana em suaíli coletada por Salli Terri — partitura, Indianapolis — (Lawson & Gould, s. d.). Arranjo: Magda Pucci e Décio Gioielli. Participação especial na kalimba: Décio Gioielli. Essa música foi originalmente gravada para o CD *Mawaca* (1998, Ed. Ethos Music).

6. **FRÈRE JACQUES.** Canção de ninar tradicional francesa. Tradução: Heloisa Prieto. Arranjo: Cíntia Zanco e Magda Pucci. Essa música foi originalmente gravada para o CD *Crianças do mundo* (*Recreio Especial*. São Paulo: Abril, 2001).

7. **BRE PETRUNKO.** Canção tradicional búlgara baseada na versão do "Coro das Mulheres Búlgaras". Tradução: Magda Pucci, do inglês do site Slavic Chorus Translations and Transliterations (http://home.pipeline.com/~asm/slavs/f_arch_trans_detail.htm). Arranjo coral de Krasimir Kyurchiyski. Adaptação e arranjo instrumental: Magda Pucci. Essa música foi originalmente gravada para o CD *Mawaca pra todo canto* — faixa "Horo Boro" — (2004, Ed. Ethos Music).

8. **EH BOI!** Tema coletado por Mário de Andrade em Goianinha, extraído do livro *Melodias do boi e outras peças*, de Mário de Andrade (São Paulo: Itatiaia, 2002). Arranjo: Magda Pucci. Essa música foi originalmente gravada para o CD *Mawaca pra todo canto* (2004, Ed. Ethos Music).

9. **ARENITA AZUL.** Canção tradicional — Huapango — de Oaxaca baseado na versão da cantora Lila Downs. Tradução: Heloisa Prieto. Arranjo: Magda Pucci e Thomas Howard. Essa música foi originalmente gravada para o CD *Inquilinos do mundo* (Revista *Caras*/Azul Music/Ethos Music, 2005). Vozes solo: Cris Miguel e Susie Mathias. Participação especial no violão: Thomas Howard.

10. **LA ÇARANDILHERA.** Tema tradicional coletado por Né Ladeiras (Portugal). Arranjo: Magda Pucci e Né Ladeiras. Essa música foi gravada ao vivo no espetáculo *Ventos e velas*, no Teatro Municipal de São Paulo, em 2001. Voz solo e participação especial: Né Ladeiras.

11. **D'OÙ VIENS-TU BERGÈRE?** Folclore francês baseado na versão do CD *Le jardin de l'ange*, Al Sur Gravadora e Editora (Eric Montbel). Tradução: Heloisa Prieto. Arranjo: Magda Pucci e Eric Montbel. Vozes solo: Valéria Zeidan e Angélica Leutwiller.

12. **MURUCUTUTU.** Folclore brasileiro do Pará. Arranjo: Magda Pucci. Solo: Magda Pucci. Essa música foi originalmente gravada para o CD *Mawaca* (1998, Ed. Ethos Music). Voz solo: Magda Pucci e participação especial no vibrafone: André Pinheiro.

Direitos musicais reservados à editora e gravadora Ethos Music.

Ficha técnica das canções

As faixas 3, 4, 6, 7, 8, 9, 11 e 12 foram interpretadas pelos seguintes músicos:

CANTORAS: Angélica Leutwiller
Christina Guiçá
Cris Miguel
Magda Pucci
Sandra Oakh
Susie Mathias
Zuzu Leiva

INSTRUMENTISTAS: Acordeom: Gabriel Levy
Violoncelo, flauta e flautim: Ana Eliza Colomar
Contrabaixo: Paulo Bira
Sax soprano e sax alto: Ramiro Marques
Tablas: Armando Tibério
Vibrafone, djembê, derbak e pandeiros: Valéria Zeidan

PARTICIPAÇÕES ESPECIAIS: Né Ladeiras (voz) em "La çarandilhera"
Thomas Howard (violão) em "Arenita azul"

As faixas 1, 2 e 5 foram interpretadas pela primeira formação do Mawaca com os seguintes músicos:

CANTORAS: Christiane Mariano
Fabiana Lian
Kitty Pereira
Magda Pucci
Marta Espírito Santo
Rosana Araújo
Valéria Piccoli
Viviane Querino

INSTRUMENTISTAS: Fagote: Luis Antonio Ramoska
Violino: Atílio Marsíglia
Clarinete e clarone: Daniel Cornejo
Acordeom: Gabriel Levy
Tablas: Armando Tibério
Percussão: Eduardo Contrera
Vibrafone: Marcos Monteiro

PARTICIPAÇÕES ESPECIAIS: André Pinheiro (vibrafone) em "The star of Slane" e "Murucututu"
Dalga Larroudo (zarb) em "Zemer atik"
Décio Gioielli (kalimba) em "Allunde, Alluyá"

A faixa 10 ("La çarandilhera") foi interpretada por:

CANTORAS: Angélica Leutwiller
Christina Guiçá
Cris Miguel
Magda Pucci
Sandra Oakh
Zuzu Leiva

PARTICIPAÇÃO ESPECIAL: Né Ladeiras

INSTRUMENTISTAS: Flautim: Ana Elisa Colomar
Violino: Cintia Zanco
Piano: Gabriel Levy
Saxofone: Ramiro Marques
Fagote: Antonio Luis Ramoska
Vibrafone: Valéria Zeidan
Contrabaixo: Camila Bomfim
Percussões: Simone Soul e Armando Tibério

Concepção, pesquisa de repertório, arranjos e direção musical: Magda Pucci Mawaca — Produção: Amanda Moraes — Ethos Produtora de Arte e Cultura Ltda.

Sobre as autoras

HELOISA PRIETO

Paulistana, doutora em literatura francesa pela USP, mestre em semiótica pela PUC, é autora de mais de oitenta títulos, entre eles *Lá vem história*, *Divinas aventuras*, *Mata*, *Terra*, *Mil e um fantasmas* (todos publicados pela Companhia das Letrinhas) e os títulos da série Mano Descobre (escritos em coautoria com o jornalista Gilberto Dimenstein, publicados pela Ática). Recebeu os prêmios Jabuti (coordenação editorial de coleção infantojuvenil), União Brasileira dos Escritores (melhor livro de folclore), Leitura Altamente Recomendável para Crianças da Fundação Nacional do Livro Infantil e Juvenil (FNLIJ), e teve obras selecionadas para compor o acervo básico da Biblioteca Nacional, como *O jogo da parlenda* e *Balada*.

Atualmente divide-se entre a escrita de livros infantojuvenis, oficinas de criação literária para crianças na reitoria da UNESP e coordenação de coleções na área de literatura brasileira.

MAGDA PUCCI

Musicista (arranjadora, compositora e cantora) e pesquisadora de músicas do mundo e das culturas indígenas brasileiras, é formada em música pela USP, mestre em antropologia pela PUC-SP e doutora em pesquisa artística pela Universidade de Leiden, na Holanda. É diretora musical e fundadora do grupo Mawaca que há mais de 25 anos pesquisa e performa músicas em mais de vinte línguas, tendo recebido alguns prêmios na área da música.

É autora dos livros *Outras terras, outros sons* (2003); *A floresta canta!: Uma expedição sonora por terras indígenas do Brasil* (2014), *A grande pedra* (2015) e do projeto transmídia "Cantos da Floresta — uma iniciação ao universo musical indígena" (2018). Escreveu também o livro *Contos musicais* (2012) em parceria com a escritora Heloisa Prieto em projetos com músicas do Mawaca.

Tem desenvolvido projetos musicais em colaboração com comunidades indígenas brasileiras, além de projetos sociais com crianças e refugiados e curadoria para festivais de música. Publicou artigos nas revistas *Música Popular*, *Vibrant*, *ABEM*, entre outras.

Ministra oficinas e cursos em diversos espaços culturais e universidades. É curadora e diretora do Estúdio Mawaca e é coordenadora de São Paulo do Fórum Latino-Americano de Educação Musical, além de membro do comitê de Estudos de Músicas Latino-Americanas e do Caribe do ICTM – International Council of Traditional Music.

Sobre a ilustradora

GRAÇA LIMA

Música sempre esteve presente na casa de Graça Lima quando ela era pequena. Graça adorava o ambiente musical dos fins de semana quando o pai ouvia seus discos e sua mãe cantava. Um dia ela foi aprender a tocar piano. Devia ter uns sete anos. Como não tinha piano em casa, porque o pai queria ver se ela levaria o estudo a sério antes de comprar um instrumento tão grande que poderia ser deixado de lado, Graça tinha de fazer seus treinos no piano de uma amiga da família. Essa senhora às vezes saía e a deixava tocando sob o olhar e os cuidados de um enorme gato que gostava de passear em cima do piano. Quando ela parava, o gato rosnava e lá ficava Graça, dedilhando sem parar até a volta da dona. Que pena, a carreira de pianista dessa ilustradora não foi muito longe, mas em compensação ela continuou adorando música e rabiscando o mundo.

A marca FSC® é a garantia de que a madeira utilizada na fabricação do papel deste livro provém de florestas que foram gerenciadas de maneira ambientalmente correta, socialmente justa e economicamente viável, além de outras fontes de origem controlada.

Esta obra foi composta em Agaramond e impressa pela Gráfica HRosa em ofsete sobre papel Couché Design Matte da Suzano S.A. para a Editora Schwarcz em junho de 2023